ÉLOGE

DE M. LE BARON MOUNIER,

PAR M. LE COMTE PORTALIS.

(Séance du 28 juin 1844.)

Dans ce laborieux combat de la vie, où le hasard de demeurer les derniers, sur le champ de bataille, ne confère ni honneur ni gloire, nous voyons successivement tomber autour de nous, par un malheur sans compensation, nos compagnons et nos amis. Leur survivre, et nous survivre ainsi à nous-mêmes, dont ils emportent la meilleure part, c'est une triste destinée. Je l'éprouve en ce moment. Toutefois elle impose à ceux qui la subissent des devoirs pénibles, sans doute, mais consolants. Elle commet, à leurs soins, la religion des souvenirs, le culte de la mémoire de ceux qui ne sont plus.

L'accomplissement de cette obligation pieuse m'amène à cette tribune. Jamais je ne l'abordai avec un sentiment si complet de mon insuffisance. Voici que depuis deux sessions une voix habile à rapprocher les esprits, à concilier les opinions, une voix aimée des auditeurs entre toutes les autres; une voix qui vivifiait tous nos débats, éclairait toutes nos discussions, ne se fait plus entendre dans cette enceinte : et je viens vous la rappeler ! A cette pensée, un douloureux découragement s'empare de moi. L'espérance que vous ne voudrez pas refuser à celui qui vient vous entretenir de *M. Mounier*, un peu de cette faveur que vous accordiez à ses moindres paroles, peut seule me soutenir en cet instant.

Si les hommes, qui les composent, empruntent, aux corps politiques auxquels ils sont agrégés, une valeur et une autorité qu'ils tiennent de la mise en commun des situations éminentes et du mérite personnel des membres qui en font partie, il en est, parmi eux, qui rendent à ces grandes compagnies autant qu'ils en reçoivent. Ils sont comme l'expression caractéristique de ce qui est en elles de plus considérable et de plus élevé. Viennent-ils à disparaître, elles demeurent amoindries jusqu'à ce que des occasions nouvelles, d'autres renommées, le temps enfin, rétablissent l'ancien niveau. Claude-Philippe-Édouard *Mounier* fut un de ces hommes.

Né à Grenoble le 2 décembre 1784, d'une famille honorable, dans une condition modeste, il reçut, avec le jour, un nom obscur encore, mais que son père allait immortaliser. On ne saurait séparer leur mémoire ; ce serait trahir, à la fois, la vérité, et, la reconnaissance d'un fils qui rapportait, avec la plus touchante simplicité et une parfaite abnégation de lui-même, toutes les belles qualités qui le distinguaient, aux tendres et généreuses inspirations de l'éducation paternelle.

C'est donc à la vie, aux vertus, aux principes de *Mounier* le père qu'il convient de remonter comme à la source de cette rectitude d'esprit, de cette droiture de cœur, de cette allure franche et noble qui caractérisèrent le fils; de ces convictions politiques, fermes et assurées qui demeurèrent la règle immuable de sa conduite. Un coup d'œil rapide jeté en arrière suffira pour le démontrer.

Il est des époques où la grandeur des circonstances donne aux années le poids des siècles. Deux ans, sur la scène politique, ont suffi à Jean-Joseph *Mounier* pour acquérir, une longue mémoire et une glorieuse place, parmi les fondateurs de nos libertés.

Le xviiiᵉ siècle finissait, et avec lui semblait toucher à son terme, miné par le temps et l'opinion, l'édifice ruineux des antiques institutions et des vieilles mœurs nationales. Sous l'empire universel de cet esprit philosophique, dont l'indépendance ne connaissait point de limites, et qui, citait au tribunal de la raison le présent et le passé, tout invitait à l'application des idées nouvelles. Étourdie par le mouvement éblouissant des esprits, la société se disposait à subir, non-seulement avec résignation, mais avec joie, toutes les expériences et tous les changements conseillés ou suggérés au nom de la perfectibilité humaine. Les âmes élevées, avides de voir renaître l'harmonie, entre les divers principes qui gouvernent les hommes, se livraient, avec abandon, à leurs sentiments généreux.

L'émancipation de la pensée, poussée jusqu'à la licence, appelait, de toutes parts, une grande réforme politique et sociale. L'insurrection des colonies anglaises contre leur métropole rendait actuelles et vivantes, ces périlleuses et, peut-être, insolubles questions de l'origine des sociétés politiques, de la formation des gouvernements et des limites de l'obéissance.

Elles devinrent le sujet des méditations de *Mounier* comme de tous les hommes sérieux de ce temps. Familiarisé, par une étude approfondie, avec la théorie et les ressorts du gouvernement parlementaire de l'Angleterre, il se dévoua au triomphe de ce qui lui parut être la vérité dans l'ordre du salut politique. Il prit avec lui-même l'engagement de consacrer tous ses efforts, sa vie entière, s'il le fallait, à l'établissement, dans son pays, d'une constitution monarchique et libre. Ferme et grave par caractère, en s'attachant à la poursuite d'un si grand bien, il résolut de n'employer, pour l'acquérir, que la raison, la justice, la légalité. Aucun obstacle, aucune séduction, ne le détournèrent de son but, et le désir passionné de l'atteindre ne le fit jamais dévier de la ligne qu'il s'était tracée. Sectateur inflexible de la liberté par la monarchie, et de la monarchie fondée sur la liberté, il savait qu'après tout, la liberté c'est la justice, et que violer la justice et la morale pour aller à la liberté, ce n'est pas la fonder, mais la détruire.

Des événements assortis à la situation des esprits

et des choses révélèrent l'état au vrai de la société française.

L'embarras des finances, les fautes de l'administration, l'esprit d'intrigue et de vaine futilité qui prévalait à la Cour, la légèreté imprévoyante de quelques hommes politiques, le mécontentement et les prétentions croissantes des grands corps de l'État, précipitèrent la crise. Elle éclata en 1788, à la promulgation de ces édits du 8 mai, complotés avec tant de mystère et soudainement signifiés, le même jour, avec une solennité inaccoutumée, à toutes les cours souveraines du Royaume. Le Dauphiné prit une grande part à ce mouvement national.

Une sédition violente était née à Grenoble de l'exil du Parlement. Les citoyens, spontanément rassemblés, s'unirent pour le rétablissement de l'ordre et le maintien des libertés de la cité, toujours compromis par l'émeute. Au sein de cette réunion, *Mounier* exerça une sorte de magistrature naturelle. Sur sa proposition, une délibération mémorable, prise à l'unanimité, rappela le peuple au respect des droits de la Couronne : supplia le Roi de retirer les nouveaux édits, de rétablir les États provinciaux du Dauphiné, de convoquer les États généraux du Royaume : invita, enfin, les trois Ordres de la province, à pourvoir aux intérêts du pays. La noblesse dauphinoise répondit à cet appel. *Mounier* devint l'interprète des doléances des gentilshommes comme il l'avait été des vœux de la bourgeoisie; il rédigea le Mémoire que les députés de la noblesse portèrent au Roi.

Le Gouvernement, surpris d'un tel concert, s'alarma. Des troupes, un Maréchal de France, furent envoyés à marches forcées et s'arrêtèrent, l'arme au bras, en présence de cette assemblée de Vizille où, plus de cinq cents citoyens de tous les ordres, prélats, ecclésiastiques, gentilshommes, notables et députés des villes et des villages du Dauphiné, donnaient, à la France, sous le toit féodal du vieux connétable de Lesdiguières, le magnifique spectacle d'une parfaite concorde, entre des ordres jaloux et rivaux, et, du plus ardent patriotisme joint à la plus sincère loyauté. *Mounier*, élu secrétaire de l'assemblée, en devint l'âme, les délibérations de Grenoble furent confirmées ; on y ajouta que les Députés du troisième Ordre assisteraient aux États de la province, en nombre égal à ceux des deux premiers. C'était la solution de ce grand problème qui venait d'être si hardiment posé et qui allait être si souverainement résolu : *qu'est-ce que le tiers État ?*

Les suffrages ne furent pas moins unanimes à Vizille qu'à Grenoble. Le clergé et la noblesse se montrèrent généreux, les communes confiantes ; au dehors, tous attendaient, sans inquiétude, les actes de cette législature improvisée. La multitude, émue et attentive, ne cessa pas d'être calme et respectueuse. La révolution du Dauphiné s'opéra comme par enchantement.

Mais ce n'était là qu'un prélude. *Mounier* avait une autre ambition. Son patriotisme ne s'arrêtait point aux limites étroites de sa province, il embrassait les intérêts de la grande patrie, et son zèle s'accroissait avec la grandeur et l'élévation de son but. Bientôt les États provinciaux convoqués par les ordres du Roi, et constitués suivant le nouveau mode voté à Romans, le virent, fidèle à lui-même, revendiquer, pour la France entière, l'application des règles adoptées pour sa province. Encore une fois, il entraîna tous les suffrages, et, dans une adresse célèbre dont il fut le rédacteur, les trois Ordres du Dauphiné réclamèrent l'élection libre des réprésentants de la nation, l'égalité de nombre entre les députés des communes et ceux des deux ordres privilégiés réunis, la délibération en commun et les votes pris individuellement.

Dans une seconde session, qui suivit de près la première, des instructions destinées aux députés développèrent ce système. *Mounier* se hâta de le compléter dans un écrit qui saisit vivement l'attention publique. L'établissement d'une constitution qui assurât les droits du Monarque et les libertés du peuple, en prescrivant qu'aucune loi n'interviendrait sans l'autorité du Prince et le consentement des représentants de la nation, légalement réunis dans des assemblées périodiques, était l'objet principal des instructions. *Les nouvelles Observations sur les États généraux* demandaient la division du Corps législatif, en deux Chambres, après que tous les sujets du même Prince, auraient été soumis à l'autorité des mêmes lois. Dominé par l'impression saisissante de ce qui venait de se passer, sous ses yeux, d'une manière si prodigieuse, c'était, selon *Mounier*, de la réunion des trois Ordres confondus en une seule assemblée, que la France devait recevoir les institutions qui allaient rendre à la monarchie sa splendeur, à la nation l'exercice de ses droits. L'expérience et les passions humaines auxquelles son âme noble et désintéressée n'avait pas fait une part suffisante, se chargèrent de le désabuser ; elles ne dissipèrent que trop tôt l'illusion de l'homme de bien.

Sur un plus grand théâtre, dans la région des tempêtes et des intrigues politiques, sa conduite fut conforme à ses principes. La gravité des événements put le surprendre, mais ne l'ébranla pas. Il prouva que la modération donne au courage quelque chose de grave et d'imposant qui, dans les moments de péril, maîtrise les âmes. Un parti, puissant auprès du Monarque, préparait la dissolution des États généraux à peine assemblés. Il s'agissait de substituer à ces lois fondamentales, réclamées impérativement par tous les mandats, une ordonnance de réformation, insuffisante expression et garantie impuissante des voeux du pays, destinée à se perdre, avec tant d'autres, dans la poudre et l'oubli des greffes.

Frappé des dangers que courait le Roi, en rétrogradant brusquement vers le passé, quand tout imprimait aux esprits un rapide mouvement vers l'avenir ; n'entrevoyant pour la Couronne séparée de la nation que le choix des abîmes, *Mounier* jugea qu'il fallait avant tout assurer l'établissement de la constitution, et, par la constitution, la stabilité du Trône.

La hardiesse de sa résolution répondit à l'impor-
tance des conjonctures. Dans un de ces moments
redoutables où se balance le sort des États, lorsqu'il suffit d'un mot, d'un acte pour tout sauver
ou tout perdre, il proposa à l'Assemblée nationale
de se lier par cet engagement solennel, voté avec
enthousiasme, accepté avec unanimité, qui décida
irrévocablement des destinées de la France.

Du serment du Jeu de Paume, en effet, date le
nouvel ordre des choses. Ce qui ne devait s'accom-
plir définitivement qu'après de longues années et
de douloureuses épreuves fut, en réalité, fondé ce
jour-là. C'est alors qu'il fut décidé que la France,
désormais hors de tutelle, affranchie de la protec-
tion précaire de maximes et d'usages, toujours
contestables et toujours contestés, aurait un droit
public écrit et consenti par elle. C'est alors que
fut assuré, dans l'avenir, l'établissement de cette
constitution monarchique, tempérée par l'heureux
concours d'institutions représentatives, dont les
rudiments se trouvent dans les cahiers de 1789,
dans les *Considérations sur le gouvernement de la
France*, publiées à cette époque par *Mounier*, et
que les Chartes de 1814 et de 1830 ont enfin réa-
lisé.

De ce moment, *Mounier* ne pouvait plus avoir
qu'une pensée : la constitution. Membre du comité chargé de la rédiger, il se consacra tout entier
aux délibérations du comité. Il en devint le rapporteur. Soutenu par une popularité d'autant plus
glorieuse qu'elle était pure, il se livrait au travail avec
une légitime confiance et une infatigable ardeur.

Mais les vents étaient déchaînés ; les partis transformés en factions. Le vertige révolutionnaire planait sur la France. Cette classe nombreuse : timide parce qu'elle est sage, indécise, en apparence, parce qu'elle est modérée, qui donne, la force et la consistance, aux partis et aux hommes politiques, en échange de la confiance et de la sécurité dont elle a besoin, cette classe se désorientait de jour en jour. Favorable aux opinions constitutionnelles, effrayée de l'audace des novateurs, blessée de l'absurde obstination, à tout maintenir, qu'affichaient les défenseurs de l'ordre établi, elle flottait au gré des événements et se laissait gagner par l'anarchie.

D'habiles tempéraments auraient pu la rallier à mesure que l'exaltation démagogique étouffait l'enthousiasme de la liberté ; mais les partisans de la vieille aristocratie préférèrent les chances fatales et sanglantes d'un bouleversement social à l'établissement d'une constitution viable, et une destruction totale de la monarchie à des concessions acquises et désormais irrévocables, parce qu'elles étaient l'œuvre du temps. Ils refusèrent leur concours à des hommes généreux et dévoués qui comprenaient la monarchie autrement qu'eux ; et, confiant, le succès de leurs espérances, aux crimes et aux excès de la Révolution, ils votèrent avec les ennemis de la Royauté. Cette alliance monstrueuse des partis extrêmes amena le rejet du plan de constitution préparé par le comité dont *Mounier* était l'organe. L'institution d'une assemblée unique l'emporta ; la sanction royale fut énervée ; la monarchie représentative dégénérait en démocratie royale. *Mounier* quitta le comité de constitution. Sa belle conduite, son ferme langage lui valurent un dernier triomphe : il fut porté à la présidence de l'assemblée qui venait de se séparer de lui par son vote. Cependant la tempête et l'émeute grondaient au dehors ; le trouble et l'irritation régnaient au dedans. *On peut dire qu'à aucune époque d'une vie pleine de courage et de vertu, il n'a mieux rempli l'idée qu'on avait de son caractère*(1). C'est alors qu'il répondit à Mirabeau, qui, opposait la dignité de l'assemblée à la proposition faite par le président de se rendre auprès du Roi, dont la sûreté était menacée, ces belles paroles : *Notre dignité est dans notre devoir.* C'est alors que, *menacé d'une chute glorieuse, il déploya,* au jugement irrécusable d'un historien, homme d'État, *une indomptable fermeté* (2).

A cet instant, pour lui le but était dépassé ; le Trône était sapé dans ses fondements ; la Révolution avait changé de direction et d'objet ; il désespéra de la monarchie et de la liberté, ces deux intérêts solidaires de la patrie. Lally et lui crurent devoir se séparer de leurs fidèles amis, Malouet et Clermont-Tonnerre. Ceux-ci restèrent sur la brèche pour disputer le terrain, pour défendre encore leurs principes politiques au sein du tumulte et des orages. Ceux-là s'éloignèrent pour

---

(1) Lally-Tolendal.
(2) M. Thiers.

aviser à d'autres moyens de sauver la liberté et le Trône ; la prudence des uns et des autres fut également trompée.

Mais la retraite de *Mounier* ne fut ni une fuite ni une désertion. Il retourna vers ses commettants, dans son cher Dauphiné, comme pour rafraîchir et retremper son âme, après la perte de ses illusions, en des lieux, où, tout retraçait le souvenir des scènes touchantes qui les avaient fait naître. Il ne sortit de France que lorsque sa sûreté personnelle l'exigea, et pour chercher un asile dans un pays libre. Aussi fut-il accueilli en Suisse comme un confesseur de la vraie liberté. Tous ses trésors étaient avec lui : il emmenait sa femme et ses enfants.

Quand les malheurs de la France s'aggravèrent, il éprouva le besoin de soutenir sa famille par ses travaux. Toujours jaloux de son indépendance, il refusa les offres de plusieurs Gouvernements étrangers. Cependant il fallait prendre un parti ; l'éducation de son jeune fils était l'objet de ses vives sollicitudes ; cette pensée exerça, sans doute, une grande influence sur sa détermination ; il résolut de consacrer ses loisirs forcés à l'instruction des jeunes gens voués aux carrières publiques.

Il existait à cette époque, au centre de l'Allemagne, un petit État gouverné, comme une famille, par une des plus anciennes maisons souveraines de l'Europe. Embellie par le goût de ses maîtres, la ville de Weimar, située au sein d'une des plus riantes contrées de la Saxe, réunissait l'élite des écrivains germaniques. La Cour d'un Prince éclairé, bon, simple, affable et poli, était devenue le sanctuaire des muses et l'asile de la philosophie. On était libre de penser tout haut, dans cet heureux coin du monde, et la liberté de penser y était absolue. Il était naturel que *Mounier* y portât ses pas.

Le duc de Saxe-Weimar *qui agrandissait ses États par une généreuse hospitalité* (1), mit un de ses châteaux à la disposition de l'illustre exilé. Là, celui qui naguère présidait l'Assemblée nationale de France, celui qui venait d'abdiquer récemment la haute mission de préparer des institutions et des lois pour son pays, donnait modestement des leçons d'histoire, de philosophie et de droit public, comme dans les temps antiques. Le succès de cet institut d'une nature si rare devait être complet. De jeunes hommes qui, après avoir terminé leurs études classiques, désiraient se rendre propres au Gouvernement, à l'administration, à la diplomatie, s'y trouvèrent réunis. Le duc de Weimar y envoya ses deux fils. La renommée de *Mounier* et son intègre vertu y attirèrent des Anglais et des Allemands d'une naissance distinguée. Plusieurs se sont fait remarquer dans des postes éminents.

Au milieu de ces condisciples d'élite, et dans leur commerce, dirigé par un tel maître et sous la discipline paternelle, dans une école qui réunissait à

---

(1) Heureuse expression de *Mounier* le fils.

la fois les avantages de l'éducation publique et de l'éducation privée, de l'éducation étrangère et de l'éducation nationale, mûrirent et se développèrent les heureuses et brillantes qualités dont *Mounier* le fils avait été doué par la nature.

Bientôt, le 18 brumaire lui ouvrit les portes de la patrie. Il y avait des hommes que le général Bonaparte, à la tête de ses armées, suivait de l'œil dans leur exil. Dans ses vues d'avenir il comptait sur leur rappel en France pour y ramener la confiance bannie comme eux; sur leurs noms pour manifester ses intentions et sa politique. L'emploi qu'il leur destinait était assigné d'avance.

A peine de retour, *Mounier* fut envoyé en Bretagne. L'heureux conciliateur des trois Ordres en Dauphiné fut choisi par le pacificateur de la France pour rapprocher les esprits et les cœurs dans l'Ouest.

A cette époque, les préfets, eurent une grande et délicate mission, à remplir. Il s'agissait de renouer habilement tous les fils rompus de l'administration, de recomposer, par degrés, la puissance publique, en ramenant, grâces à d'heureux tempéraments, les hommes égarés par l'esprit de parti, à des habitudes d'ordre et de soumission. Il fallait négocier, afin qu'il devînt possible de gouverner, et ce n'était que par amiable composition qu'on pouvait espérer de ressaisir l'autorité d'une manière définitive; car la force armée elle-même, en Bretagne surtout, était un appui mal assuré pour la magistrature politique et civile.

Mounier le père triompha de toutes ces difficultés; son fils était auprès de lui à Rennes. Il avait
entendu son père, il le vit agir.

Témoin assidu et intelligent des succès obtenus,
malgré tant d'obstacles à vaincre et de complications à démêler, dans une contrée fumant encore
des feux mal éteints d'une guerre civile, il vit beaucoup en peu de temps, et il sut beaucoup retenir.
Cette administration de deux ans a laissé des souvenirs qui durent encore. Elle fut pour *Mounier*
le fils un enseignement pratique qui acheva l'œuvre de son instruction et l'initia profondément à
la connaissance des hommes et des affaires. Il forma
en ce pays, à son début dans la vie, des amitiés qui
en ont embelli le cours.

Le moment arrivait où il allait être livré à lui-
même; son père, qu'un caractère rigide rendait
un instrument peu docile à la main qui pré-
tendait tout mouvoir et tout diriger, fut appelé
au conseil d'État. Sa santé, détruite avant l'âge,
lui laissa à peine le temps de s'y montrer tel qu'il
était toujours, l'homme de 1789 (1). Il était dans
sa destinée d'apparaître à peine dans différentes
carrières, et de laisser, dans toutes, des traces pro-
fondes de son passage. La mort l'enleva à quarante-
sept ans ; il ne laissait à sa jeune famille, pour tout
héritage, que son nom : honorable et saint patri-
moine.

---

(1) L'Empereur lui dit plus d'une fois : « *Mounier*, vous
êtes encore l'homme de 1789. » *Notice sur Mounier, par son
fils*, p. 24. *Album du Dauphiné.*

Les sentiments de l'Empereur s'exprimaient par des actes ; il prouva ses regrets de la mort du père en nommant son fils, à peine âgé de vingt-un ans, auditeur au conseil d'État. C'était en 1806, une distinction peu commune qu'une telle promotion à cet âge.

Cette institution dont nous ne voyons que les restes, et qu'il serait désirable que l'on fît sortir de ses ruines en la remaniant, était alors dans sa force et sa fécondité. Les carrières civiles n'avaient jamais été organisées en France ; Napoléon, qui avait en tout l'instinct, et par-dessus tout le génie de l'ordre, voulut les constituer, leur donner une discipline, un esprit propre, une hiérarchie. Il réussit, par l'auditoriat, à rallier à son administration, les jeunes esprits qui donnaient des espérances et se reconnaissaient la vocation des affaires, comme il rallia, sous ses drapeaux, les jeunes courages, par ses écoles spéciales. Cette voie honorable et pleine d'avenir, à peine ouverte, enflamma l'émulation, et rassembla sous la main de l'Empereur une jeunesse d'élite. Toutes les capacités naissantes qui aspiraient au service de l'État, tous les jeunes gens distingués par la naissance, les services, les richesses de leurs parents, et qui désiraient se rattacher au Gouvernement, demandèrent à s'enrôler dans cette milice civile. Ainsi, l'on vit se former autour de tous les centres et de toutes les directions d'affaires, une abondante pépinière pour tous les emplois publics. C'est au sein de ce noviciat, après un stage sérieux et significatif, car Napoléon admettait la nécessité, en toute carrière, d'un temps d'épreuve et d'apprentissage, que se formèrent, sous ses yeux, une foule d'administrateurs instruits, et c'est parmi eux que, plus tard, les Gouvernements, venus après le sien, ont trouvé la plupart des hommes d'État qui ont fait leur force.

A peine mêlé à cette brillante jeunesse qui rivalisait d'application et de zèle, *Mounier* sut gagner l'affection de ses collègues et commander l'attention et l'estime de ses supérieurs. Il était naturel que le rapport des opinions, la conformité des goûts et des études, l'éclat naissant de leurs talents le rapprochassent de MM. de Barante et Molé ; il se lia avec eux d'une amitié qu'il n'a été au pouvoir d'aucun événement politique de refroidir ni d'altérer.

Bientôt il devint un des premiers, parmi ses égaux. Il apportait, dans le monde, une bienveillance affectueuse et sincère et des sentiments élevés, l'ouverture de cœur, la franchise, la gaieté du jeune homme, mais les qualités de l'âge viril, rehaussaient en lui les grâces et la vivacité de la jeunesse ; le fond de son caractère était solide et grave, parce que ses mœurs étaient pures et réglées et ses principes arrêtés.

Fécondée par les mâles inspirations d'un père qui, dès ses plus jeunes ans, l'avait élevé jusqu'à lui, son intelligence ferme et nette, éprouvée par l'exil et l'adversité, s'était dégagée de bonne heure des puérilités de l'enfance. Il tenait de sa

2

patrie et de son père cet esprit de liberté, de recherche et de lumières qui s'enquiert de tout, sans préjugés et sans préventions. A l'Allemagne et à la fréquentation de ses penseurs et de ses écrivains, il devait un profond sentiment de philanthropie évangélique, et ce goût d'une morale pure et raisonnée qui se mêlait à tous ses discours. Dans son commerce intime avec les publicistes et les philosophes de l'Angleterre, il avait puisé ce respect religieux pour la raison humaine, et cet esprit de méthode qui ne l'abandonnèrent jamais.

Doué d'une mémoire toujours présente, d'une attention que rien ne troublait, d'un talent d'observation qu'il mettait perpétuellement en œuvre, il ne cessait jamais de s'instruire, toujours prêt à disposer au profit de ceux qui l'entouraient du riche trésor de ses connaissances acquises. En affaires, il ne s'égarait ni dans de vaines hypothèses, ni dans de vagues théories ; son coup d'œil judicieux et sûr démêlait les difficultés avec promptitude et perspicacité ; sa raison éminemment pratique allait droit au fait ; il possédait au suprême degré le talent d'analyser une situation compliquée, et de résoudre avec rectitude et clarté une question contentieuse.

Nul n'eut autant de foi en la puissance de la raison, peut-être même en avait-il trop. Il ne pouvait croire que la raison ne dût pas finir toujours par avoir raison, tant la sienne était puissante, et accoutumée à surmonter en lui-même tout ce qui lui faisait obstacle.

Son esprit plein de verve, facilement épigrammatique, mais exempt de tout dessein de nuire, effleurait sans blesser jamais, tant il maniait avec dextérité une arme souvent si offensive. D'ailleurs constamment obligeant, serviable, bien intentionné dans ses actions, on pardonnait volontiers à ses paroles ce qu'elles pouvaient avoir de trop incisif ou de trop piquant.

Des goûts innocents, simples, sérieux, qui exerçaient l'esprit et nourrissaient l'âme, lui fournissaient de faciles, d'utiles divertissements. Les recherches philologiques sur l'origine et la formation des langues, l'étude des sciences naturelles, étaient ses distractions favorites. Passionné pour la botanique, il l'avait associée, en quelque sorte, à son existence. Ses herbiers contenaient les souvenirs de ses voyages et les Mémoires de sa vie. Quelques plantes soigneusement desséchées, avec l'indication du lieu et du jour, où elles avaient été cueillies, retraçaient, à son cœur et à son imagination, les circonstances du passé, avec plus d'éloquence et de vie, que n'auraient pu le faire les récits les plus détaillés. Personne n'avait autant que lui de succès dans la conversation, et n'y prenait plus de plaisir : mais il ne recherchait que les cercles où il pouvait causer en toute liberté et conserver cette indépendance qui laisse à l'âme sa libre respiration.

Toutefois les traits distinctifs de son caractère, ceux qui constituent sa physionomie morale : c'étaient le sentiment du devoir, le dévouement à sa famille, à ses amis, à ses compatriotes, à son pays : une obligeance pleine d'efficacité, une vive sympathie pour le malheur, une charité active, un véritable amour de l'humanité.

Il était nécessaire d'avoir ainsi, sous les yeux, l'homme tout entier, avant de le suivre dans les vicissitudes diverses qui l'ont éprouvé. La distinction de *Mounier* était en lui-même; c'est moins à sa vie qu'à son caractère qu'il doit la haute considération dont il a joui, et qui le recommande à la postérité. Il est des hommes qui ont besoin d'être considérés au point de vue historique; il était de ceux qui doivent surtout être étudiés au point de vue philosophique et moral.

Les auditeurs entraient en campagne à la suite de l'Empereur. Ils le suivaient dans les camps, sur les champs de bataille : messagers rapides et confidentiels, ils portaient, de Paris à l'armée, les nouvelles, les affaires, et la politique de l'intérieur, et rapportaient, du quartier général, dans la capitale de l'Empire, les ordres souverains du maître. Dans les pays conquis, ils organisaient, administraient, gouvernaient, inspectaient : c'étaient les délégués du nouveau Charlemagne, de véritables *missi dominici*.

Mounier se trouvait à l'armée qui vainquit à Iéna. Le jour même de la bataille, l'Empereur entra dans Weimar. Cette résidence lui était suspecte; elle lui avait été signalée comme un centre de résistance et d'hostilités à ses desseins. Il fut reçu dans le palais ducal, par la duchesse douairière, dont le fils, Souverain régnant, commandait une division prussienne. Frappé de l'attitude calme et digne de la Princesse, du bon ordre maintenu autour d'elle, au milieu du tumulte des armes et des horreurs d'une défaite, il prétendit, après avoir triomphé par les armes, triompher encore par sa magnanimité. Avec ce souvenir de toutes choses, cette présence d'esprit, qui ne l'abandonnaient jamais, il choisit *Mounier*, l'hôte des ducs de Weimar, pour intendant de la province. Il ne pouvait mieux témoigner sa bienveillance envers les Princes vaincus qu'en confiant leurs intérêts à la reconnaissance de celui qu'ils avaient si noblement obligé. *Mounier* répondit fidèlement aux intentions de l'Empereur.

Bientôt il fut transféré en Silésie, où plus tard il devint intendant de Glogau. Cette religion de l'humanité qui était au fond de son cœur, le rendait essentiellement propre à alléger le joug naturellement si pesant et si odieux de l'occupation militaire. Le bon sens supérieur qui le distinguait aurait suffi d'ailleurs pour lui enseigner que l'intérêt du vainqueur est d'accord avec celui des vaincus, et qu'une sage politique commande d'inspirer, s'il se peut, à ses ennemis abattus, le désir d'avoir un jour pour amis ceux qui surent si bien user de la victoire. *Mounier* acquit l'estime et la reconnaissance des habitants de ces provinces. Plus tard il en a recueilli d'éclatants et de touchants témoignages. Pour un homme tel que lui, le séjour qu'il fit à Glogau fut une époque bien mémorable dans sa vie. Il y rencontra celle qui devait s'associer un jour à sa bonne et à sa mauvaise fortune, devenir la mère de ses enfants, accroître son bonheur et soulager ses maux en les partageant (1).

Mais ce n'était pas dans des provinces éloignées et étrangères que *Mounier* était destiné à compléter son expérience ; elle devait être entière. Des extrémités de cette circonférence immense qui s'étendait chaque jour, en dévorant les États et en confoudant les nations, il fut ramené vers le centre. L'Empereur, en l'essayant, avait appris à le connaître ; il l'appela, auprès de lui et lui, confia le poste important de secrétaire de son cabinet, que le général Clarke, depuis duc de Feltre, avait laissé vacant, en devenant Ministre de la guerre.

L'imagination est saisie d'une religieuse terreur quand elle cherche à surprendre dans le secret de ses délibérations avec lui-même, dans l'intimité de ses pensées, cet homme qui, à cette époque de 1809 à 1814, ébranlait le monde d'un signe, disposait des couronnes et des peuples, imposait des constitutions, des traités et des codes, portait la guerre des colonnes d'Hercule aux remparts de Moscou, traitait les Rois en su-

______

(1) Wilhelmine *Lightone* était fille de M. *Lightone,* colonel au service de Prusse, originaire d'Irlande, et petite-fille par sa mère, du général *Dessauniers,* qui, après avoir servi avec honneur dans la guerre de sept ans, mourut gouverneur de la citadelle de Glogau, en Silésie. Il appartenait à une famille de réfugiés français.

jets, et transformait ses sujets en Rois, emprison-
nait le Pape après avoir rétabli le catholicisme en
France, réunissait Rome et Hambourg à son Empire, et rejetait les îles Britanniques hors de l'Europe. Il y a, dans ces desseins gigantesques, sitôt
achevés et sitôt confondus, quelque chose d'acca-
blant et d'inexplicable pour la raison.

C'est dans ce sanctuaire mystérieux où s'agi-
taient les questions de vie et de mort des États,
qu'habita *Mounier* pendant cinq années. Il ne
quittait jamais l'Empereur; le jour, la nuit, il
travaillait pour lui ou avec lui; il le suivit dans
ses campagnes de 1809, de 1812, de 1813. Pour
un esprit observateur et méditatif tel que le
sien, quel spectacle! quelle école! quels sujets iné-
puisables de réflexions! quelles leçons et quelle
expérience?

La confiance que lui témoignait l'Empereur,
il la paya par son dévouement et sa fidélité. Mais
au foyer même de la gloire, il n'en était point
aveuglé; l'éclat de cette grandeur démesurée et
factice n'éteignait point en lui le sentiment de
la véritable grandeur; l'amour de la justice et de
la liberté légales vivaient toujours dans son cœur;
il ne cessait pas d'être le digne fils de son père.

Durant la retraite de Russie, il supporta cette
somme de misères accumulée sur l'armée française avec une égalité d'humeur et une tranquillité
d'âme que rien ne démentit. Il était moins mal-
heureux que d'autres; mais au milieu de ces priva-
tions intolérables qui desséchaient les cœurs les

plus compatissants, il se montra toujours prêt à partager ce qui lui restait avec ceux qui souffraient plus que lui ; il avait conservé quelque temps sa calèche, il la donna à un général blessé.

Vu de près, il avait grandi dans l'estime de l'Empereur qui savait apprécier le mérite et le caractère. Vers la fin de 1813, il le fit intendant des bâtiments de la Couronne. En effet, sa santé altérée réclamait un genre de vie plus sédentaire ; le repos lui était indispensable, après tant de fatigues et d'agitations ; mais notre vie était vouée aux révolutions, et le mouvement qui nous emportait allait seulement changer de nature.

Après avoir longtemps feint de négocier, dans l'espérance de recommencer la guerre avec avantage, quand il voulut traiter de la paix, Napoléon, qui n'avait ni su, ni voulu se circonscrire lui-même, se vit contraint de briser son épée dans Fontainebleau. A ce moment, les premiers jours de 1789 semblèrent renaître ; le Roi qui revenait de l'exil avait jadis accepté la Révolution ; ses promesses actuelles étaient conformes aux vœux de ce comité de constitution dont *Mounier* le père avait été l'organe, et qui étaient pour son fils l'objet d'un culte filial. Louis XVIII maintint celui-ci dans la position que l'Empereur lui avait faite ; son mérite personnel, l'étendue de ses relations, son nom, le recommandaient à la fois aux royalistes, aux impérialistes, aux libéraux.

Cependant la politique au moins imprévoyante des Souverains de l'Europe, et surtout l'imprudence et l'aveuglement du nouveau Gouvernement français, ne lui permirent point de se consolider. Un souffle de Napoléon suffit à le renverser ; quand les Princes de la maison de Bourbon , qui semblaient n'être rentrés en France que pour rendre les derniers devoirs à l'infortuné Louis XVI, quittèrent le territoire, *Mounier* se retira à Weimar. Il ne se rendit à Gand qu'après y avoir été appelé ; il y vint pour seconder ceux qui s'efforçaient d'y faire prévaloir, sur les conseils qui avaient tout perdu, des maximes constitutionnelles et libérales, pour combattre surtout l'esprit de réaction et de vengeance, épargner, s'il se pouvait, à la France de sanglantes proscriptions, et, la triste nécessité de reconquérir par la guerre civile et une révolution nouvelle, ce règne de la liberté légale depuis si longtemps désiré et qu'elle avait à peine entrevu. Ses efforts ne furent pas complétement infructueux.

De retour en France, il prit place au conseil d'État. Nous nous y trouvâmes réunis ; de ce moment datent les liens d'intime amitié qui nous ont unis l'un à l'autre, et qui, durant plus de trente ans se sont chaque jour resserrés. Nous siégions, dans le même comité, auprès de MM. Siméon, Royer-Collard et Molé. C'était l'illustre Président de cette Chambre qui nous avait rassemblés ; une mutuelle estime, une parfaite conformité de sentiments et de vues le lièrent étroitement à *Mounier*.

Un fait mémorable, et jusqu'alors inouï dans l'histoire, se produisit à l'occasion des funestes traités de 1815. Les Souverains alliés contre la France, s'inquiétant du dommage que les événements de la guerre avaient causé à leurs sujets, en demandèrent la réparation. Prenant en main les intérêts de la propriété privée, ils n'exigèrent pas seulement des indemnités territoriales pour leur État, mais des dommages-intérêts pour les parties lésées. La politique, sous forme de justice distributive, prétendit appliquer les règles de l'équité naturelle; elle emprunta même au droit civil les formes de cette procédure universelle inspirée par le bon sens et la raison, qui sont la substance de tous les codes judiciaires. Une sorte de juridiction internationale fut instituée. Les nations étrangères eurent à Paris des arbitres pour tribunaux.

Je ne dirai pas qu'on n'exigea de la France que ce qui était juste; l'épée de Brennus fit souvent pencher la balance. Je ne rechercherai pas si le droit ne fut pas violé au nom du droit, et si des faits de guerre et de conquête pouvaient être assimilés à ces actes de spoliation et de violence, désavoués, en toute occurrence, par le droit des gens. Je rechercherai bien moins encore si les Puissances qui réclamaient et recevaient les indemnités ne les détournaient pas quelquefois de leur destination apparente.

Je dirai seulement que l'époque de ces grandes transactions fut pour *Mounier* une occasion éclatante de déployer toutes les ressources d'un esprit conciliant, équitable, ingénieux, d'un patriotisme éclairé et sincère. Président des membres français de la commission mixte, instituée pour examiner et liquider les créances étrangères, il n'était pas homme à se renfermer servilement dans les limites de sa mission. Elle le mettait à portée de dominer l'ensemble de la position, et sa vive sollicitude pour l'avenir du pays lui révélait le danger des conjonctures présentes. Il s'empressa de le signaler, et fut un de ceux qui contribuèrent le plus à faire comprendre aux divers Gouvernements de l'Europe qu'ils étaient tous intéressés à mettre un terme à d'odieuses représailles, et à ne point réduire au désespoir une nation puissante et généreuse.

La clarté et la netteté d'idées, l'esprit de décision, le sentiment d'impartiale justice que portait *Mounier* dans la solution des questions les plus épineuses, lui concilièrent l'entière confiance du duc de *Richelieu* qui dirigeait alors, avec tant de sagesse et un dévouement si noble et si désintéressé, le gouvernement du Roi.

Dans ses relations journalières, avec les représentants des Puissances étrangères, on vit *Mounier* exercer souvent l'ascendant de l'habileté, joint à la franchise et à la bonne foi. Ce fut ainsi qu'il sut acquérir l'estime des plus éminents d'entre eux, et procurer à la cause française l'appui du duc de Wellington. Cet illustre négociateur se trouva ainsi favorablement disposé, lorsque le choix unanime de tous les Souverains intéressés l'eut appelé à terminer, par un traité, une liquidation sans fin, qui pouvait à chaque instant compromettre le repos du monde. *Mounier* reçut les pouvoirs du Roi. Après de nombreuses conférences, les conventions libératrices furent signées le 25 avril 1818. Dès ce moment l'affranchissement du territoire fut chose acquise : la France, rendue à elle-même, obtenait mainlevée de cette occupation étrangère qui grevait ses habitants d'une charge accablante, et blessait sa juste fierté. Quelques mois s'étaient à peine écoulés, quand au congrès d'Aix-la-Chapelle, où *Mounier* assistait le duc de *Richelieu*, ce grand acte fut consommé.

Ce fut un des plus beaux moments de sa vie. Il servait son pays selon son cœur; il venait de concourir efficacement à faire cesser les abus du droit de la guerre; et, il en avait la ferme espérance, à consolider parmi nous le système représentatif et constitutionnel. Plusieurs de ses amis, unis d'intention avec lui, M. de Rayneval à Aix-la-Chapelle, le comte Anglès, à Paris, où il exerçait une importante magistrature, et tant d'autres que j'ai déjà nommés, poursuivaient le même but. Pour une âme comme la sienne, c'était une circonstance heureuse qui doublait ses forces.

Avant l'examen du projet de loi sur le recrutement de l'armée au conseil d'État, il s'ignorait encore lui-même. C'est alors que se révéla pour la première fois, ce rare talent de discussion que vous avez si souvent admiré. Sa parole facile, élégante, ingénieuse, exposa avec méthode et clarté ce qu'il devait à l'observation et à l'expérience, ce qu'il avait acquis en voyant faire, et, regardant de près celui qui avait organisé et désorganisé tant et de si puissantes armées. Il étonna les plus capables et les plus expérimentés.

Ces circonstances le rapprochèrent d'un Ministre qu'il devait retrouver un jour le second des grands dignitaires de cette Chambre, et qui justifiait l'affection dont le Roi l'honorait, par son dévouement et son courage ; elles devinrent l'occasion de l'étroite liaison qui se forma entre eux.

Fidèle à ses principes, partisan de toutes les libertés, *Mounier* ne cessa de les défendre avec énergie et sincérité, et contre ceux qui tentaient de les étouffer, sous prétexte de les garantir, et contre ceux qui les compromettaient, plus sûrement, peut-être, en les voulant absolues et sans limites.

Ce fut pour les secourir contre les attaques d'un parti qu'il fut appelé dans cette Chambre, en 1819; un an plus tard, le duc de Richelieu qui se dévouait une seconde fois, dans un moment de crise imminente, réclamait son concours pour contenir le parti contraire. *Mounier* accepta l'alliance : une forte sympathie devait réunir des hommes de ce caractère. Il est des âmes que la puissance seule de l'intelligence ne suffit pas pour subjuguer, tandis que la loyauté des sentiments et la droiture des intentions réunies, en disposent souverainement. L'empire que le génie n'exerce pas sur elles, la vertu l'obtient sans y prétendre. Les habiles et courageux collègues du duc de Richelieu avaient d'ailleurs pour *Mounier*, qui leur avait voué une haute estime, un attrait personnel.

Il refusa le portefeuille de l'intérieur. Mais après avoir décliné le premier rang, il accepta le second : il n'y parut qu'avec plus d'éclat. Ni la crainte d'une responsabilité toujours redoutable, ni le sentiment d'une modestie exagérée ne l'avaient retenu. Il croyait pouvoir servir plus utilement de moins haut, surveiller mieux et diriger plus sûrement certaines branches de l'administration, qu'on ne néglige jamais sans péril. D'ailleurs il n'avait ni l'ambition du pouvoir, ni celle des hauts emplois politiques. Il aimait les affaires pour les affaires, et mettait son honneur et sa gloire à les conduire à bonne fin ; son esprit pratique se plaisait surtout au maniement des esprits, et à la bonne manutention des choses ; doué du génie de l'administration, il n'avait pas le goût du gouvernement et se déplaisait aux émotions qu'entraînent après elles les péripéties ministérielles.

Le directeur-général de l'administration départementale et de la police partagea avec le comte *Siméon* le département de l'intérieur ; et, de la politique intérieure dépendait, à cette époque plus que jamais, l'avenir de la dynastie et des libertés publiques J'ai rappelé, dans cette enceinte, à l'occasion d'un autre perte, non moins sensible pour la Chambre, quelle fut l'union intime de ces deux hommes d'État, et comment ce pouvoir divisé ne fut que plus fort par sa division même.

On n'a pas toujours rendu pleine justice à l'administration dont ils faisaient partie, et à laquelle j'ai eu, comme *Mounier*, l'honneur d'être associé. Les hommes supérieurs qui en étaient l'âme avaient conçu la noble ambition de rallier tous ceux qui voulaient franchement le maintien du Trône et de la Charte. Une telle coalition leur semblait parfaitement acceptable. L'établissement définitif du régime constitutionnel, entièrement dégagé des chances incalculables et toujours périlleuses d'une révolution nouvelle, était à leurs yeux une entreprise digne d'être encouragée et soutenue par les meilleurs citoyens. Tels dans les Chambres qu'à la tête des affaires, modérés par caractères et par système, on les vit, plus tard, fidèles à leur drapeau, défendre résolument les libertés publiques et la prérogative royale, contre d'imprudents amis et de communs ennemis.

Mounier ne fut pas maintenu au conseil d'État quand il sortit de l'administration. Il reprit ses fonctions de directeur des bâtiments de la Couronne.

Dans cette Chambre, il ne s'écarta jamais de la ligne qu'aurait suivie son père. Il s'efforça toujours à concilier les droits de l'État, de la Couronne et des citoyens. C'est ainsi qu'il rendit hommage à l'autorité toujours subsistante des règles de notre ancien droit public, à l'occasion d'une proposition concernant les communautés religieuses de femmes. Rapporteur d'un projet de loi sur la répartition de l'indemnité stipulée en faveur des colons de Saint-Domingue, il développa ces hautes considérations de droit des gens et d'humanité qui avaient déterminé le gouvernement du Roi à légitimer, par un acte solennel, la séparation d'Haïti du reste de nos possessions, et à faire cesser ainsi un grand désordre politique qui blessait la dignité nationale et les intérêts de notre navigation.

Dans une célèbre discussion sur la juridiction militaire, il soutint le principe du droit public et constitutionnel qui attribue aux tribunaux ordinaires la connaissance de tous les délits communs, et il établit, d'une manière irrésistible, qu'on ne saurait attribuer à la juridiction de l'armée que la connaissance des délits commis de militaire à militaire, et quand ceux-ci se trouvent à leur poste ou sous les drapeaux.

Ne dépendant que de lui-même, il ne se constitua ni l'adversaire ni le défenseur systématique de ce Cabinet qui, après avoir gouverné la France sous le nom de Louis XVIII, durant les trois dernières années du règne de ce Prince, vaincu par l'opinion publique, fut contraint de se retirer un peu plus de deux ans avant la fin du règne de Charles X.

Les sympathies de *Mounier* étaient acquises à l'administration qui se forma le 5 janvier 1828. Ses amis la composaient. Ce Cabinet, qui ne fut point, quoi qu'on en ait pu dire, un Ministère de concessions, mais un Ministère de convictions, suivait un plan auquel *Mounier* ne pouvait refuser son assentiment. Il tendait, par un système de franche et complète légalité, à procurer l'exécution loyale de la Charte, à garantir aux libertés publiques leur légitime action, aux citoyens le libre exercice de leurs droits politiques, à préparer enfin le développement progressif des institutions constitutionnelles. Associé aux vues de ce Ministère, *Mounier* l'aida de ses conseils, de son concours et de ses travaux.

Membre de la commission d'enquête chargée d'examiner l'état de l'instruction secondaire, de constater si, en droit et en fait, les lois du Royaume étaient exécutées, et de proposer, le cas échéant, le moyen de remédier à leur inexécution, il rédigea cette partie du rapport qui exprimait l'avis de la minorité. Ses conclusions, approuvées par le Roi et son conseil, motivèrent la première des deux ordonnances du 16 juin 1828 : celle qui statue sur l'intervention des congrégations religieuses d'hommes, non autorisées, dans les écoles secondaires ecclésiastiques.

Parmi vous, Messieurs, le projet de loi sur les listes électorales, vivement attaqué, trouva en lui un vigoureux défenseur. La justice et la légitimité des mesures proposées, l'urgente nécessité de pourvoir, par des précautions efficaces, à la sincérité des élections compromise, d'assurer aux citoyens investis des fonctions électorales le droit de suffrage qui leur est confié par la loi, d'écarter, enfin, des élections, les faux électeurs qui pouvaient les vicier, devinrent à sa voix autant de propositions évidentes.

Une proposition de loi relative au duel lui fournit l'occasion de réclamer le maintien de la compétence des jurés contre un amendement qui avait pour but de substituer des jugements rendus par un petit nombre de juges, et sans publicité, aux arrêts solennels des cours d'assises. Ainsi, soit qu'il prît une part directe au maniement des affaires, soit qu'il n'y concourût que par son vote dans le parlement, on le trouvait toujours fermement attaché à ces grandes garanties, précieuses conquêtes du droit nouveau, qui font l'honneur et la sûreté de notre société moderne.

Mounier fit un voyage en Allemagne au mois de mai 1830. Il avait voulu revoir la Silésie, théâtre de ses premiers succès, de ceux qui avaient le plus satisfait son cœur ; car il y avait empêché beaucoup de mal, ce qui est déjà faire un grand bien ; et il y avait rendu d'immenses services, en tempérant, autant qu'il était en lui, l'action de ce pouvoir, sans mesure, qui n'est que trop souvent l'abus de la force, après la victoire et la conquête. Il était allé visiter sa famille par alliance et revoir d'anciens amis, il revenait comblé de bénédictions. A deux journées de Paris, je ne sais quel signal des révolutions retentit jusqu'à lui. Le surlendemain, à son arrivée, tout était consommé : tant est rapide et prompte la chute d'un pouvoir qui méconnaît ses voies, quand la Providence retire sa main et l'abandonne à sa propre faiblesse !

La conduite de *Mounier*, en ce moment critique, fut dictée par la sagesse et la loyauté. Ses fonctions

ne l'attachaient point à la personne du roi Charles X.; mais il faisait partie de l'administration de
sa maison; il y était resté au même titre que sous
le régime impérial. Sans doute il aurait pu conserver sa situation sans manquer à ses devoirs,
mais il répugnait à sa délicatesse de s'y maintenir,
avec l'agrément et par les bontés d'un autre Prince,
à travers tant de changements successifs.

Plusieurs de ses amis étaient placés dans les conseils du nouveau Gouvernement; ils trouvèrent en
lui, pour la cause de l'ordre, de la justice, de la
raison, un concours désintéressé. Toutefois, il
crut se devoir à lui-même de servir désormais
l'État dans une pleine indépendance et avec une
entière liberté.

Avant même qu'il eût l'honneur d'appartenir
à la Pairie, ce corps, placé par la constitution
entre la Couronne et la Chambre des Députés,
était l'objet de ses sollicitudes et de ses prédilec-
tions. Selon *Mounier* le père, l'institution de
deux Chambres se balançant entre elles et dé-
partagées par le Roi, constituait essentiellement la
monarchie représentative, et l'excellence de cette
forme de gouvernement : son fils partageait cette
croyance. Par un concours de circonstances histo-
riques qui sont présentes à tous, la Chambre ap-
pelée à représenter ce qu'il y a de fixe et de per-
manent dans l'État, la constitution de la famille,
la stabilité des patrimoines, les gloires acquises,
les maximes fondamentales de notre droit public

national ; la Chambre des Pairs, en un mot, s'est trouvée moins fortement constituée que l'autre assemblée, sans cesse rajeunie par le mouvement des élections, et constamment appuyée par l'opinion publique, dont elle est la vive et variable expression. Autant par devoir spécial que par inclination, *Mounier* porta vers ce qui lui paraissait le côté faible de la constitution le secours considérable de son activité et de ses talents. Il se dévoua au service de la Chambre des Pairs ; il devint l'homme de l'institution.

Nul n'était plus assidu à nos séances ; nul ne se montrait plus jaloux de la dignité véritable, de l'utile direction des travaux, du bon ordre des délibérations de la Chambre. Perpétuellement occupé du soin de perfectionner son régime intérieur, il entreprit et effectua la réforme de son règlement. On eût dit que la Chambre reconnaissait en lui sa règle vivante, le conservateur de ses précédents.

De déplorables attentats ne laissèrent malheureusement pas oublier à la France, et, ne rappelèrent que trop à la Chambre, qu'elle n'est pas seulement constituée pour soumettre les lois à une double et salutaire épreuve ; mais que la Charte la transforme encore en haute Cour nationale, quand la sûreté de l'État, violée, réclame la vengeance des lois. Cette grande attribution, que la loi constitutionnelle lui assigne et ne définit pas, devint l'objet des méditations de *Mounier.* Il crut utile et nécessaire d'ac-

complir le vœu de la constitution et de détermi-
ner, avec cette précision, que les législateurs em-
ploient d'ordinaire, en matière de juridiction,
l'étendue et les limites de ces termes complexes et
mystérieux de *haute trahison et d'attentats à la
sûreté de l'État*. Il appela d'abord l'attention de
la Chambre sur ce grave sujet. Plus tard, il lui
soumit, par son ordre, un travail méthodique et
lumineux sur la compétence et le mode de procé-
der de la Cour des Pairs.

De 1815 à 1828, sept fois, la Chambre, sur diverses propositions faites par plusieurs de ses membres les plus considérables, avait pris cette matière
en sérieuse considération. Elle avait même for-
mulé, et adopté, divers projets de loi, dont quel-
ques-uns furent portés à l'autre Chambre, mais
dont aucun ne subit l'épreuve d'une dernière délibération. Les efforts de *Mounier* furent vains encore cette fois ; mais ils témoignèrent de sa profonde sollicitude pour la sûreté publique et privée, pour l'honneur et les intérêts les plus élevés
de la Pairie.

Sans doute on venait de voir, et on n'avait pu le
voir sans admiration, un grand corps politique livré
à lui-même, agissant dans une sphère où rien ne pon-
dérait ses mouvements, tendre sans cesse à rentrer
sous l'empire du droit commun, s'efforcer de rattacher ses décisions aux lois générales, et veiller reli-
gieusement à ne point excéder les limites raisonna-
bles de sa puissance. Mais ce que la Chambre avait
fait par sa jurisprudence avec tant de persévérance,

de patience et d'humanité, n'enchaînait peut-être pas suffisamment l'avenir et ne rassurait pas *Mounier*. Il voulait pour ce tribunal, sans appel et sans recours, la garantie de ces formes légales qui ne protégent pas moins les juges dans l'exercice de leurs formidables fonctions que les accusés eux-mêmes, et qui doivent être d'autant plus certaines et plus sacrées qu'on fait plus de cas de l'honneur, de la fortune, de la vie, de la liberté des citoyens. Malheureusement il est de ces questions politiques qui tiennent aux racines des pouvoirs publics et qui deviennent insolubles quand elles n'ont pas été résolues au moment même où ces pouvoirs ont été constitués, précisément parce qu'elles intéressent l'action de leurs forces vitales.

Durant l'effrayante complication de ces longs débats judiciaires, où l'on vit en jugement, une faction presque tout entière, résistant encore avec violence aux commandements de la justice, après avoir résisté par les armes à la force publique, dans la Capitale et dans les provinces, *Mounier* dut se distinguer par son attention vigilante à tout ce qui intéressait la dignité du tribunal et les garanties des accusés. C'est ainsi qu'il prit sa part de ce beau triomphe, obtenu, par la longanimité des juges, et l'imposante modération de leurs arrêts, au profit de l'ordre public.

Est-il nécessaire de dire que sous l'empire de ces passions politiques, qui font sacrifier aveuglément *l'utilité à l'égalité*, pour parler le langage d'un des esprits les plus ingénieux et les plus élevés de notre temps (1), quand après 1830 l'hérédité de la Pairie fut mise en question, le zèle de *Mounier* pour l'équilibre des pouvoirs publics et l'indépendance de la Chambre des Pairs, qui est la condition nécessaire de cet équilibre, l'arma pour la défense d'une institution, réclamée par son père en 1789, lorsqu'il voulait fonder solidement l'alliance de la monarchie et de la liberté. Son discours est resté parmi les plus mémorables de cette solennelle et brillante discussion.

Les questions qui touchent aux grands intérêts de l'humanité attiraient de préférence l'attention de *Mounier*. Deux fois il fut rapporteur de la loi destinée à réprimer la traite des Noirs. Les événements qui modifient les intérêts, le temps qui use tout, même les passions, n'avaient refroidi ni son horreur pour l'esclavage, ni son zèle pour la réhabilitation d'une partie de l'espèce humaine, trop longtemps dépouillée, dans la servitude, des douceurs de la vie domestique et des lumières de la religion, condamnée, au sein de la civilisation, à vivre étrangère à ses bienfaits, ou à n'en recueillir que ces dons empoisonnés qui énervent et qui corrompent. Mais, également éloigné d'une exagération qui se hasarderait à tout compromettre, et de cette prudence intéressée qui voudrait toujours ajourner pour tout retenir, *Mounier* demandait que l'on ne prolongeât pas indéfiniment l'oppression au nom de la justice, qu'on fît le bien

---

(1) M. Mignet.

avec lenteur, par gradation, sans secousses, mais qu'on se gardât bien d'y renoncer par un funeste découragement ou de fausses considérations politiques.

Celui qui avait fait de l'administration une étude si profonde, et qui s'était montré, dans la pratique, un administrateur si distingué, ne pouvait échapper à la nécessité d'éclairer les discussions de la Chambre sur des sujets éminemment de sa compétence ; la discussion approfondie des projets de loi sur l'administration, les attributions municipales, les attributions des conseils généraux de département et des conseils d'arrondissement, lui appartenait de droit ; ses rapports sur ces intéressantes matières sont de véritables traités ; leur autorité est égale à celle des lois dont ils manifestent l'esprit et développent l'économie.

Il fit et refit le Code de la police du roulage. Pondérant tous les intérêts, envisageant au point de vue de l'art et de la science, la construction, la conservation et l'entretien des routes ; au point de vue économique, les relations commerciales, la facilité et le bon marché des communications entre les différentes parties du Royaume ; au point de vue du droit public et de l'administration, le règlement des compétences, les pénalités et la procédure ; son travail demeurera comme un monument qui constate les difficultés de la matière, l'application de son auteur, l'universalité de ses connaissances et cette puissance de généraliser ses idées, qui était une de ses qualités éminentes.

Les institutions militaires de notre pays, je l'ai

déjà dit, avaient été pour *Mounier* un sujet d'études spéciales; il eut occasion de les appliquer dans la discussion de la loi du recrutement et de celle qui règle l'organisation de l'état-major général de l'armée. Les plus hautes questions constitutionnelles, les intérêts les plus pressants de l'État et des familles, de la paix intérieure et de la défense du pays s'y trouvaient engagées. Il les traita avec une égale supériorité.

La décadence rapide et prématurée de la république d'Haïti, de cet État récemment émancipé, et qui savait si mal profiter d'une indépendance acquise au prix de tant de sang répandu, de ruines et d'incendies, avait amené l'inexécution du traité, dont les conditions étaient le prix de la reconnaissance de sa souveraineté. *Mounier* dut s'occuper encore une fois des douleurs de nos colons, frappés d'expropriation après l'avoir été d'expatriation. Il prit conseil de son cœur pour résoudre les questions de justice et d'humanité qui se présentaient à lui.

Ce n'est pas par les maximes rigoureuses des lois civiles, sorte de droit étroit qui ne règle que les rapports des citoyens entre eux, que les nations se gouvernent, c'est par les règles du droit public. Ces règles, disait-il, conformes à cette loi naturelle qui est écrite dans la conscience, loin d'exclure les considérations d'équité, de dignité, d'humanité, de convenance, les consacrent. Il a existé de tout temps, chez les peuples civilisés, une sorte de solidarité, d'assurance mutuelle entre les ci-

toyens. S'il est des maux inséparables du cours
ordinaire des choses, et dont chacun doit sup-
porter le poids avec résignation, il est des fléaux
qui font exception à l'ordre naturel des événements, et qui écrasent à l'improviste une partie
de la population. Alors, si les actes du Gouverne-
nement ne sont pas étrangers à ces calamités, si
ceux qui souffrent, courbés sous le joug de fer
d'une nécessité publique, sont privés, par le fait de
l'État, de toute action directe en revendication
des droits qui leur ont été ravis, ne sont-ils pas
frappés d'expropriation pour cause d'utilité publique, et n'ont-ils pas un droit certain à cette indemnité sacrée qui est due à celui dont les intérêts
sont sacrifiés pour l'avantage de tous?

Noble et digne doctrine que l'on doit souvent
faire entendre aux peuples et aux Rois, quoiqu'il
leur soit rarement donné d'y conformer leurs
actes et d'en pratiquer les leçons!

Du sein de l'anarchie féodale était sortie une des
plus libérales institutions du monde moderne.
Dans ces temps désastreux où l'on ne connaissait
d'autre droit que la force, où l'on n'était libre que
par privilége, la chevalerie suscita des défenseurs
aux faibles et aux opprimés. L'esprit de dévouement et de sacrifice imposé par elle à la plus haute
des distinctions sociales, vint tempérer les abus
d'un esprit d'inégalité poussé jusqu'à l'extrême.

Du sein de l'anarchie révolutionnaire, le génie
de Napoléon s'emparant d'une grande pensée de
nos premières assemblées nationales, en tira une

institution non moins féconde en nobles résultats. Comme il savait que l'honneur est une grande part du patriotisme français, il réhabilita l'honneur et les marques d'honneur que, dans son sauvage délire, l'esprit d'égalité extrême avait prétendu abolir. La Légion d'honneur, cette louable invention « cette bien bonne et profitable coutume, » comme dit notre Montaigne, « de recognoistre la valeur des « hommes rares et excellents et de les contenter et « satisfaire par des payements qui ne chargent aucu- « nement le public, » devait être chère à *Mounier*. Il se passionna pour elle, et, saisi d'un généreux désir d'en accroître le lustre et l'efficacité, il fit à la Chambre une proposition dont les développements expriment, dans un beau langage, les meilleurs et les plus nobles sentiments ; par un rare et beau succès qui suffit à sa gloire, l'une et l'autre Chambre s'associèrent à ses vœux.

Bon et loyal citoyen, aucun des grands intérêts du pays ne lui était étranger. La guerre d'Algérie et ses complications ; l'administration de cette vaste conquête, les bases, les conditions, les limites d'une colonisation à la fois militaire et civile, entreprise sur une si grande échelle ; l'influence que pouvait exercer la possession de ces provinces d'outre-mer sur la situation politique de la France en temps de paix comme en temps de guerre, étaient l'objet de ses constantes méditations. Il avait proposé d'instituer une commission chargée d'examiner toutes les questions qui se rapportaient à ces choses. Le Gouvernement adopta son avis. Nommé membre de la commission, il en devint le rapporteur.

Dans un travail complet, approprié aux exigences du temps, il traça un système de conduite et d'administration, dicté par une sage prévoyance et une prudente circonspection. Conciliant ce que commande la sûreté de nos établissements en Algérie avec les vues d'ordre et d'économie inséparables de tout bon gouvernement, il conseillait de réaliser surtout une épargne bien plus précieuse encore, celle du sang et de la vie des hommes. Il croyait l'honneur national intéressé à faire rentrer, dans les habitudes du droit des gens et de la civilisation, une guerre qui semblait avoir quelquefois emprunté, au climat et aux mœurs d'Afrique, une barbarie et des procédés, également désavoués par le sentiment chrétien et par le sentiment français. Son opinion fut toujours d'un grand poids dans toutes les affaires d'Alger.

C'est ainsi qu'à une époque où rien de considérable ou d'utile ne s'élabore qu'au moyen d'une commission, il trouvait habituellement place dans presque toutes les commissions importantes, tant au dehors qu'au dedans de la Chambre. Appelé de la sorte, dans une solennelle occasion, à traiter du premier des intérêts de l'État, celui de la défense nationale, jamais il ne s'était élevé plus haut. Impartialité dans l'exposition des opinions contraires, supériorité de vues, patriotisme désintéressé, art de bien dire et d'exprimer avec force et simplicité une conviction profonde, toutes les forces et les ressources de son talent concoururent à faire de son rapport à la Chambre, sur ce sujet, un de ses plus solides ti-

tres à l'estime publique. Il s'agissait des fortifi-
cations de Paris, difficile problème dont la solution divisait les capitaines et les hommes d'Etat,
que la législature a tranché, et que la bravoure
et le patriotisme des Français empêcheront toujours l'histoire de résoudre.

Si, pour obéir à sa conviction, il s'écartait des
propositions ou combattait les desseins du Gouvernement, ce n'était ni pour contrarier sa mar-
che, ni pour lui susciter des embarras, car il ne
croyait pas que l'on pût, sans danger pour l'État,
attaquer indistinctement les choses, uniquement
pour atteindre les personnes, et combattre, à
cause de leurs auteurs, des actes qu'on aurait ap-
prouvés avec justice et raison s'ils avaient été faits
par d'autres. Croyait-il de son devoir de s'opposer?
il le faisait sans esprit d'opposition, avec le désir
d'être écouté du Gouvernement, et de l'aider,
soit à triompher des obstacles présents, soit à
prévenir les dangers futurs ; et cette opposition
inoffensive, il la jugeait la plus utile dans l'intérêt
du pays.

Toujours prêt au travail, toujours au service
de l'État, il acceptait, toutes les fois qu'elle lui
était offerte, une part active dans l'étude des projets de loi ; l'élaboration des grandes affaires et
même la tâche plus modeste des commissions d'enquête ou de liquidation : rien ne lui paraissait petit
dans l'intérêt de l'ordre public ou de la justice.

Mais, isolé depuis longtemps de tout mouvement politique, quand un des personnages les

plus illustres et les plus universellement considérés dans l'État voulut bien lui proposer, il y a peu d'années, une place dans une administration qui se formait, il dut être étonné d'un honneur si inattendu ; mais s'il n'accepta pas cette haute position, à laquelle il s'était également soustrait sous un autre règne, sa conduite ultérieure prouva bientôt qu'il ne fallait pas en accuser son dévouement. A la fin de 1840, au moment où les relations entre la France et l'Angleterre étaient devenues pénibles et difficiles, *Mounier* accepta de la confiance du Roi une mission temporaire à Londres. Il l'accomplit à la satisfaction du Gouvernement, et recueillit, durant son court séjour dans un pays où le nom de son père est populaire, de nombreux et honorables témoignages d'estime et de sympathie.

Mais quelque distingué que fût son esprit, il était surpassé par son cœur. Mettre son activité au service de ceux qu'il jugeait dignes de son appui et qui le réclamaient, c'était son repos. N'épargner ni travail ni veilles pour venir en aide au mérite méconnu, à l'humanité souffrante, à la faiblesse délaissée, à tous ceux dont il espérait, par son concours, alléger les souffrances, c'était sa distraction. Nous ne nous apercevons pas toujours assez que la Providence nous offre à chaque instant une infortune à secourir, un bon office à rendre, un devoir d'amitié à remplir. *Mounier* sut toujours acquitter fidèlement ces mandats de la Providence.

L'adversité était pour lui un lien nouveau qui resserrait les anciens. Les employés d'une administration à laquelle il avait appartenu, les pensionnaires que secourait cette ancienne Liste civile, trouvèrent en lui un protecteur infatigable. Devenu président de la commission chargée de la distribution des secours qui leur étaient alloués par l'État, sa sollicitude pour ces pauvres familles, pour ces vieillards chargés d'années et précipités de l'aisance dans la misère par l'impitoyable fatalité des révolutions, ne se démentit jamais. Il fallait le voir suffire seul aux minutieux détails d'une immense correspondance, éclairer ses infortunés clients sur les pièces à produire, sur les démarches à faire, et bien souvent les entreprendre lui-même, pour leur épargner des frais et des dégoûts pires que des frais. Il prodiguait ainsi pour les obliger les lettres, les courses et son temps, trésor inestimable pour qui sait en user comme lui.

La Providence l'avait exaucé en accordant à la pureté de son cœur, à la simplicité de ses goûts, le bonheur qu'il n'avait voulu chercher que dans la vie de famille. Une compagne, son égale par le cœur, répandait autour de lui ce charme inexprimable qui naît de la communion des sentiments et de l'harmonie des pensées. Ses trois filles, unies par ses soins à des époux qu'il avait choisis parmi les fils de ses amis, partageaient avec leur mère le soin de le rendre heureux. Son fils, objet de sa tendre affection, de ses plus chères espérances, croissait sous ses yeux. Un groupe nombreux de petits-en—

fants répondait par ses gracieuses et vives caresses aux doux embrassements d'un aïeul dans la force de l'âge, presque aussi jeune qu'eux d'esprit et de cœur. Un cercle peu nombreux, mais choisi, de vrais et de vieux amis complétait cet intérieur qu'il pouvait, avec une fierté modeste, livrer aux regards émus de ceux qui venaient l'y chercher. C'est dans cette douce retraite, vivifiée par des entretiens pleins de grâce et d'intérêt, les vives saillies d'une gaieté naturelle, les traits charmants d'une érudition piquante ; dans ce sanctuaire de l'intimité domestique, où le retenaient des habitudes sérieuses et régulières, et une fortune bornée, qu'éloigné sans affectation de ce monde bruyant qui s'agitait autour de lui, il jouissait avec simplicité de l'honorable position que l'estime universelle lui avait faite.

Étranger à tous les partis, respecté et recherché par les hommes de toutes les opinions, modérateur et conciliateur par vocation spéciale, il avait des consolations, des conseils, des espérances pour tous. *Citoyen dévoué*, j'emprunte ses propres paroles (1), *c'est avec bonheur qu'il contemplait le développement des nobles institutions où la France se reposait de tant de commotions sous les auspices du Roi*, qu'il la voyait en possession de ce gouvernement représentatif, ob-

---

(1) *Discours prononcé par le baron Mounier à l'occasion du décès de M. le comte Pelet de la Lozère*, p. 13.

jet de son culte politique, de cette terre promise dont son père avait préparé la conquête et qu'il n'avait pu habiter. L'esprit depuis longtemps nourri et fortifié de pensées religieuses et d'espérances chrétiennes, il ne s'était jamais senti plus heureux ni plus entier que lorsqu'il éprouva les premières atteintes d'une maladie cruelle et inexorable.

Cette longue épreuve fut le creuset qui vint épurer sa vertu ; il la supporta avec une fermeté d'âme égale à ses souffrances. Durant cinq mois il lutta contre la douleur et n'en fut jamais vaincu ; chaque jour, à chaque heure, il triomphait de ses rudes étreintes ; souvent, sous un sourire, toujours sous un visage calme et composé, il savait dérober les progrès du mal qui le dévorait. Cependant les soins les plus tendres, les plus vigilants, les plus infatigables, le disputaient à la mort ; s'il avait pu être sauvé par l'application la plus constante à mettre en pratique les conseils et les prescriptions de la science ; par ces attentions de tous les instants, ces secours qui viennent du cœur, le dévouement sans bornes de la tendresse conjugale, les soins, les vœux, les larmes d'une famille dévouée, l'assistance d'amis assidus et fidèles, nous n'aurions pas à le regretter.

Quand vint le moment suprême, il mourut comme il avait vécu, entouré des siens et de ses amis. Sa douce et pieuse résignation égalait l'inconsolable douleur de sa famille ; il répondait par des bénédictions à nos pleurs et à nos regrets. La religion le soutint dans ses derniers instants : ce fut aidé de ses secours, accompagné de ses prières, qu'il passa dans un monde meilleur.

Ce n'est pas ici que j'ai besoin de rappeler que sa maladie, que son danger, que sa mort, furent une douleur publique. Cette Chambre, en apprenant qu'il n'était plus, ordonna, d'une voix unanime, que son buste serait placé dans le palais de ses séances, apparemment pour que sa mémoire, toujours présente, lui suscitât des imitateurs.

DE L'IMPRIMERIE DE CRAPELET,
IMPRIMEUR DE LA CHAMBRE DES PAIRS,
RUE DE VAUGIRARD, N° 9.